LA PRÉHISTOIRE

Textes de Claudine Roland
et des services éditoriaux de MSM

MSM

Chronologie

-13, 7 milliards d'années

Big Bang. Naissance de l'Univers.

-4,56 milliards d'années

Formation du Soleil et du système solaire avec ses planètes dont la Terre.

-3,8 milliards d'années

Apparition des premières formes de vie sur Terre avec les procaryotes, cellules sans noyau.

-1,5 milliard d'années

Premières eucaryotes, cellules à noyau.

-600 millions d'années

Premiers organismes multicellulaires.

-540 millions d'années

Début du cambrien : « Explosion » de la vie.

-475 millions d'années

Apparition des premiers vertébrés avec les agnathes.

-354 millions d'années

Colonisation de la terre ferme au carbonifère inférieur par amphibiens et reptiles primitifs.

-248 millions d'années

Début du trias : apparition des premiers dinosaures.

-65 millions d'années

Extinction des dinosaures.

-58 millions d'années

Début de l'éocène : premier primate.

-8 millions d'années

La famille des hominidés se divise en deux sous familles, les paninés (celle du chimpanzé) et les homininés (celle de l'homme).

L'AVENTURE DE LA VIE

La préhistoire s'intéresse à la vie des hommes depuis l'apparition de leurs plus lointains ancêtres jusqu'à la découverte de l'écriture, une aventure de quelques millions d'années… Un saut de puce dans le passé de notre monde ! La naissance de l'Univers remonte au Big Bang, il y a 13,7 milliards d'années. Les galaxies se forment sept cents millions d'années plus tard. Parmi elles, la Galaxie, la nôtre. Après 8 milliards d'autres années, une étoile parmi d'autres apparaît sur sa périphérie : le Soleil avec ses planètes – dont la Terre. Au moment de sa formation, il y a 4,56 milliards d'années, la Terre est une simple boule gazeuse incandescente. Ces gaz, en se refroidissant, deviennent liquides, puis solides, et constituent la croûte terrestre, avec les océans et les continents. La vie n'a pas pu naître sur les continents car, au début, il n'y avait pas assez d'oxygène dans l'atmosphère pour former une couche d'ozone protectrice. Les premières formes de vie, des organismes unicellulaires très simples, se sont vraisemblablement développées dans les océans, milieu favorable aux échanges chimiques et abrité des radiations cosmiques nocives. Au cours des centaines de millions d'années qui ont suivi, des organismes végétaux et animaux se sont multipliés et diversifiés. La course à la complexité était lancée…

▲ *Stromatolithes de North Pole, Australie. Musée de Paléontologie, La Voulte-sur-Rhône, Ardèche, France. Ces fossiles de 3,5 milliards d'années ont été formés par des cyanobactéries qui, dans les zones peu profondes des mers chaudes, rejetaient du* $CaCO_3$*, formant des blocs de roche stratifiée.*

◀ *Le système solaire. Le Soleil est l'une des quelque 200 milliards d'étoiles de la Galaxie. Son cortège planétaire comporte 8 planètes. En 2006, Pluton a été classée dans une nouvelle catégorie, celle des planètes naines avec Éris, repérée en 2005, et Cérès, un gros astéroïde. Sur l'une de ces planètes, la Terre, la vie apparaît il y a près de 4 milliards d'années, probablement au fond des océans, à proximité de zones d'irruption magmatique qu'accompagnent des jaillissements hydrothermaux.*

◀ *La faune de Burgess. Le schiste argileux de Burgess, en Colombie-Britannique, au Canada, a livré des milliers de fossiles, datés de -530 millions d'années, témoins de l'explosion de la vie au cambrien. C'est en effet au cours de ce système que s'ajoutent 15 nouveaux phyla du règne animal aux 4 préexistants (sur 38 connus actuellement).*

▲ *Fossile d'ammonite du jurassique. Musée de Paléontologie, La Voulte-sur-Rhône.*

◀ *Scène du crétacé inférieur : deux iguanodons et des hypsilophodons sont dérangés par un théropode. À l'arrière-plan : un cétiosaure.*

▼ *Tyrannosaure. Ce théropode, dinosaure carnivore bipède, a vécu il y a 68-65 millions d'années. Long de 13 m, haut de 6 m, il pesait plus de 7 t.*

Cause(s) d'une extinction

C'est probablement la chute d'un énorme météorite, il y a 65 millions d'années, qui, en provoquant un séisme de magnitude 13 sur l'échelle de Richter, et un raz de marée gigantesque, aurait profondément modifié le biotope de la planète, entraînant la disparition de 75 % des espèces marines, dont les ammonites, et de tous les animaux terrestres de plus de 25 kg, dont les dinosaures. Ce météorite n'est peut-être pas celui, d'un diamètre de 10 km, qui a creusé le cratère de Chicxulub, au Yucatan. Plus tardif de 300 000 ans, il aurait été encore plus massif mais son point d'impact n'a pas encore été localisé. L'intense activité volcanique du Deccan, contemporaine, aurait amplifié ses effets dévastateurs.

DE TERRIBLES LÉZARDS

Au début de l'ère primaire, ou paléozoïque, il y a 540 millions d'années, les invertébrés marins abondent. Une vie intense prolifère dans les océans où apparaissent des vertébrés primitifs. Il y a 400 millions d'années, les poissons dominent les mers. Timidement, sortent des eaux les premiers vertébrés terrestres, les amphibiens. Ils savent déjà respirer l'air de l'atmosphère mais ont encore besoin du milieu aquatique, notamment pour se reproduire. Les reptiles, qui se multiplient à la même époque, pondent leurs œufs, bien protégés par une coquille dure, sur la terre ferme, ce qui leur permet de se lancer à la conquête de la lithosphère continentale. Le règne des dinosaures commence il y a plus de 200 millions d'années. De ces *terribles lézards*, il y en a pour tous les goûts : des petits, pas plus gros qu'une poule, jusqu'aux géants aussi hauts qu'un immeuble. Les dinosaures herbivores marchent sur deux ou quatre pattes et possèdent soit un bassin de reptile (saurischiens) soit un bassin évoquant celui des oiseaux (ornithischiens). Les carnivores marchent sur deux pattes et possèdent tous un bassin de reptile. Il y a 65 millions d'années, les dinosaures disparaissent, laissant le terrain libre aux mammifères. Il faudra attendre encore quelques dizaines de millions d'années pour qu'apparaisse un primate pas tout à fait comme les autres...

Homininés

Australopithèques

Région : Afrique de l'Est et du Sud

Période : -4,4 à -2,3 MA

Taille (mâle) : 1,10 m – 1,20 m

Volume cérébral : 350 – 450 cm³

Paranthropes

Région : Afrique de l'Est et du Sud

Période : -2,7 à -1 MA

Taille (mâle) : 1,45 m – 1,50 m

Volume cérébral : 420 – 600 cm³

Homo habilis

Région : Afrique de l'Est et du Sud – Caucase (*Homo georgicus*)

Période : -2,4 à -1,44 MA

Taille (mâle) : 1,30 m

Volume cérébral : 550 – 680 cm³

Homo erectus

Région : Afrique, Proche-Orient, Asie et Europe

Période : -2 à -0,2 MA

Taille (mâle) : 1,60 m – 1,80 m

Volume cérébral : 850 – 1 250 cm³

Homme de Néandertal

Région : Europe, Proche-Orient et Asie Centrale

Période : -100 000 ans (-175 000 ans pour Néandertaliens anciens) à -30 000 ans

Taille (mâle) : 1,55 m – 1,70 m

Volume cérébral : 1 245 – 1 740 cm³

Homo sapiens

Région : le Monde

Période : -200 000 ans à nos jours

Taille (mâle) : 1,70 m – 1,85 m

Volume cérébral : 1 100 – 2 000 cm³

▲ *Australopithèques. Bipèdes, ils sont néanmoins semi-arboricoles. Aidés, peut-être, par un pied préhensile, ils se déplacent de branche en branche dans les arbres, où, à l'abri des prédateurs, ils se reposent et dorment.*

NOS ANCÊTRES D'AFRIQUE

Comme les chimpanzés, nous sommes des primates descendant de ces autres primates, les Proconsuls, qui, il y a 18 millions d'années environ, abondent dans la forêt équatoriale africaine. Avec les chimpanzés, dont les gènes ne diffèrent des nôtres que de 1,23 %, nous avons un ancêtre commun. Les restes de *Sahelanthropus Tchadensis* – ou Toumaï –, datant de 7 millions d'années, trouvés au Tchad, et ceux de *Orrorin Tugenensis*, âgés de 6 millions d'années, mis au jour au Kenya, ne sont pas ceux de cet ancêtre, duquel ils sont les tout proches descendants. Toumaï et Orrorin appartiennent, comme les hommes modernes, à la sous-famille des homininés dont les membres se multiplient en Afrique orientale au début du pliocène. Les restes de *Kenyanthropus platyops*, trouvés à l'ouest du lac Turkana, au Kenya, datent de 3,5 millions d'années. Les Australopithèques vivent au sud et à l'est du continent africain dans une période allant de -4,4 à -2,3 millions d'années. C'est en Éthiopie qu'a été découvert le squelette de l'Australopithèque Lucy, déjà bipède comme l'attestent les 54 empreintes de pas laissées par ses semblables à Laetoli, en Tanzanie, il y a 3,75 millions d'années. Il y a 2,7 millions d'années, les Australopithèques disparaissent progressivement alors qu'entrent en scène, dans les mêmes régions, les Paranthropes, appelés également Australopithèques robustes, et, il y a 2,4 millions d'années, *Homo habilis* auquel est associé, lorsqu'il en est distingué, *Homo rudolfensis*. Les Paranthropes s'éteignent il y a un million d'années. Quant aux *Homo habilis*, bipèdes, avec une capacité crânienne de 550 à 680 cm³, ils ont, à partir de simples galets, façonné les premiers outils : choppers et chopping tools, relevant de l'industrie oldowayenne, du nom du site d'Olduvaï, en Tanzanie. Certains d'entre eux, il y a 1,8 million d'années, peut-être confrontés à un changement climatique, migrent du Rift africain au Caucase. Ces *Homo georgicus* possèdent un volume crânien de 600 cm³. Lorsque *Homo habilis* s'éteint, il y a 1,44 million d'années, cela fait près de 600 000 ans qu'est apparu, en Afrique de l'Est et du Sud, *Homo erectus*, parfois appelé, lorsqu'il est africain et pour la période allant jusqu'à -1 million d'années, *Homo ergaster*. Cet homme debout, d'une taille et d'un poids voisins de ceux de l'homme moderne, n'a pas de menton, son front est fuyant, ses orbites surmontées d'un torus. Doté d'un cerveau de 850 à 1 250 cm³, *Homo erectus* utilise d'abord des outils oldowayens puis, rapidement, en produit de plus élaborés : des bifaces et des hachereaux dits acheuléens, du nom Saint-Acheul, faubourg d'Amiens où cette industrie a été définie. Il y a 1,8 million d'années, des *Homo erectus* quittent l'Afrique pour le Proche-Orient, puis se disséminent en Asie et en Europe. Une autre vague migratoire d'*Homo erectus* africains se produira vers 700-600 000 ans avant notre ère, les conduisant au Maghreb et au Proche-Orient.

La station érigée bipède

L'acquisition de la bipédie est une étape essentielle du processus d'hominisation. Elle relève de causes multiples, dont la manipulation de l'outil, elle-même en relation avec le fonctionnement cérébral. Elle induit un certain nombre de caractéristiques anatomiques qui se sont installées dans le temps. Ainsi, le trou occipital est avancé, positionnant le crâne dans l'axe de la colonne vertébrale. Ce changement a entraîné la modification des organes phonatoires et, par voie de conséquence, une amélioration de l'aptitude au langage articulé, par ailleurs favorisé par le développement, dans le cerveau, des aires du langage, celles de Broca et de Wernicke.

▲ *Australopithèque, Paranthrope, « Homo habilis », « Homo erectus ».*

◀ *Chopper oldowayen. Musée de Préhistoire de Tautavel, Pyrénées-Orientales, France. Le chopper présente une face aménagée, le chopping tool en présente deux.*

▶ *Biface acheuléen. Musée régional de Préhistoire, Orgnac-l'Aven, Ardèche, France.*

▶▶ *Une des 54 empreintes de Laetoli, Tanzanie. Ces traces de pas ont été attribuées à « Australopithecus afarensis », attestant ainsi sa bipédie.*

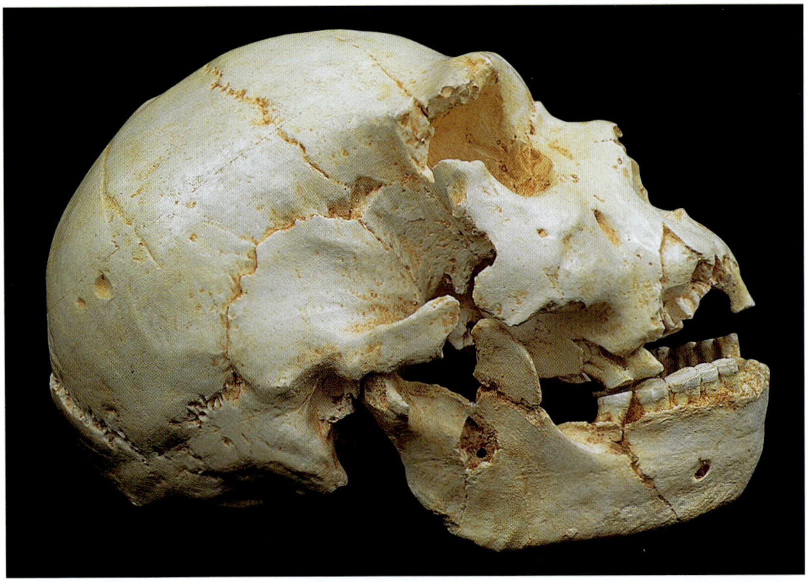

La domestication du feu

Des traces de foyer aménagé attestent la domestication du feu par l'homme. Les foyers les plus anciens datent d'au plus 400 000 ans. Leurs restes ont été trouvés à Vertesszölös en Hongrie, à Menez Dregan en Bretagne, sur le site de Terra Amata à Nice, à Choukoutien en Chine. Lorsqu'il n'était pas fourni par la nature sous forme de lave en fusion, de foudre ou d'incendie de forêt, le feu était fabriqué par l'homme. Il a pu l'obtenir par percussion d'un silex sur un nodule de marcassite, créant des étincelles qui embrasaient l'étoupe, ou par l'échauffement par friction de deux pièces de bois. En tout état de cause, la domestication du feu constitue pour les *Homo erectus* une avancée considérable.

▲▲ Crâne d'« Homo erectus » (« heidelbergensis »), mis au jour à la Sima de los Huesos, Atapuerca, Castille, Espagne.

▲ Pointe Levallois, provenant de La Ferrassie. Musée national de Préhistoire des Eyzies-de-Tayac, Dordogne, France. La technique du débitage Levallois dégage, par une série d'impacts, une forme prédéfinie, d'un bloc de pierre, le nucleus.

LES PREMIERS EUROPÉENS

Cela fait plus d'un million d'années qu'*Homo erectus* est arrivé en Europe. Des outils qui lui sont attribués ont été découverts à Orce en Andalousie, et dans la grotte du Vallonet, près de Menton, sur la Riviera française. À Ceprano, dans le Latium, c'est le *calvarium* d'un individu qui a été mis au jour. Il date de 900 à 800 000 ans. Quatre-vingt-cinq fossiles humains ont été dégagés du site castillan de la Gran Dolina, à Atapuerca. Âgés de 800 000 ans, ce sont ceux d'hommes qui se sont vus attribuer le taxon d'*Homo antecessor*, l'éclaireur. La mandibule de Mauer est celle d'un *Homo erectus*. Elle a été trouvée dans la vallée du Neckar, près d'Heidelberg, dans des couches géologiques datant de 650 000 ans. L'appellation taxonomique retenue d'*Homo heidelbergensis* est appliquée à la plupart des *Homo erectus* européens postérieurs : ceux de Boxgrove, dans le West Sussex, (-500 000 ans), de la Caune de l'Arago, en Catalogne française, (-450 000 ans), de la Sima de los Huesos, à Atapuerca, (-400 000 ans). Chez ces *Homo erectus* européens, apparaissent et s'affirment dans le temps des caractères qui, développés, caractériseront leurs descendants, les hommes de Néandertal, valant aux premiers le qualificatif de Prénéandertaliens. Il y a 400 000 ans, ces *Homo erectus* domestiquent le feu et, il y a 340 000 ans, mettent au point une nouvelle technique : le débitage Levallois.

▲ *Le Verdouble et les gorges de Gouleyrous, au pied de la falaise calcaire où se trouve la Caune de l'Arago, à Tautavel.*

◀ *Traces de foyer (-380 000 ans). Musée de Paléontologie humaine de Terra Amata, Nice, Alpes-Maritimes, France.*

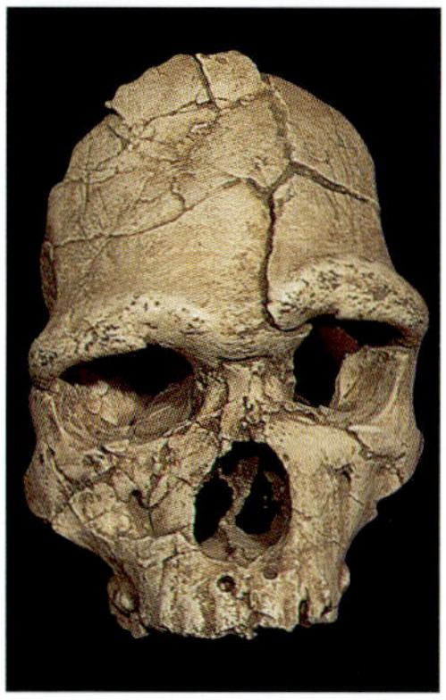

▶ *Crâne de l'Homme de Tautavel. Musée de Tautavel.*

Ils enterraient leurs morts

La Sima de los Huesos, à Atapuerca, a livré 3 500 fossiles de 32 *Homo erectus*, ayant vécu il y a 400 000 ans, dont les cadavres auraient été déposés par leurs compagnons dans cette vaste enceinte sépulcrale… Il y a 100 000 ans, *Homo sapiens*, au Proche-Orient, et Néandertaliens, au Proche-Orient, en Europe et en Asie Centrale, commencent à inhumer leurs morts. Les sépultures de Qafzeh, près de Nazareth, sont celles d'*Homo sapiens* ayant vécu il y a 90 000 ans. La nécropole de La Ferrassie, en Dordogne, comprend huit sépultures néandertaliennes, dont celle d'un enfant de trois ans, et la petite grotte de La Chapelle-aux-Saints, en Corrèze, a constitué la dernière demeure d'un autre Néandertalien, un « vieillard » de 50 ans.

▲ *Sépulture de La Chapelle-aux-Saints, Corrèze, France. Cet homme vécut il y a 60 000 – 50 000 ans.*

▶ *Racloir moustérien, provenant du Roc de Marsal. Musée national de Préhistoire des Eyzies. Les outils moustériens sont très diversifiés.*

▼ *L'abri du Moustier, près des Eyzies. Site éponyme de la culture moustérienne qui succède, en Europe, à l'acheuléen.*

▶ *L'homme de Néandertal. Il est bien connu car représenté par les ossements de près de 200 individus, dont plusieurs squelettes complets trouvés dans des sépultures. Il a coexisté avec « Homo sapiens » dans sa zone d'implantation. En Europe occidentale, cette coexistence s'est réduite à la période allant de 40 à 30 000 ans BP. Et les indices d'un éventuel métissage des deux espèces, très rares, doivent être confirmés.*

▶ *Crâne de Pierrette, une jeune Néandertalienne de 20 ans. Paléosite, Saint-Césaire, Charente, France. La falaise de La Roche à Pierrot est associée au châtelperronien, identifié à la grotte des Fées, près du village éponyme dans l'Allier en France. Couvrant une période allant de 37 000 à 33 000 ans BP, cette culture, dont l'artisan semble être l'homme de Néandertal, est contemporaine de l'aurignacien. Elle s'inscrit dans le prolongement du moustérien de tradition acheuléenne et innove, notamment avec une lame dite pointe de Châtelperron, présentant un bord tranchant et un bord rabattu.*

L'HOMME DE NÉANDERTAL

Mis au jour en 1856, dans la vallée de la Neander, en Allemagne, la calotte crânienne et les os du squelette d'un individu sont ceux de l'homme de Néandertal. Trapu, celui-ci a le front bas. Un bourrelet osseux protège ses yeux et l'absence de pommettes et de menton donne à son visage un caractère prognathe. Pourtant, son crâne, large et étiré vers l'arrière, abrite un cerveau d'une capacité de 1 500 à 1 600 cm^3, parfois supérieure à celle de certains hommes modernes. Il est le point d'évolution ultime des *Homo erectus* européens. Les caractères néandertaliens se sont affirmés dans les fossiles de Swanscombe, dans le Kent, (-225 000 ans), et de Petralona, en Grèce, (-200 000 ans). Les hommes de Biache-Saint-Vaast, en France, (-175 000 ans), de Krapina, en Croatie, (-130 000 ans), et de Saccopastore, en Italie, (-120 000 ans), sont des Néandertaliens anciens qui évoluent, il y a 100 000 ans, vers l'homme de Néandertal dit classique. Celui-ci a vécu sur une aire s'étendant de l'Europe occidentale à l'Ouzbékistan et au Proche-Orient. Il a donc coexisté, sur cette zone, avec *Homo sapiens*. Sa morphologie trapue traduit une adaptation au froid qui régnait au cours du Würm ancien. Acteur principal de la culture moustérienne, cet homme enterre ses morts. Il disparaît, il y a 30 000 ans. Les dernières traces de sa présence ont été repérées à Zafarraya, en Andalousie, en Espagne.

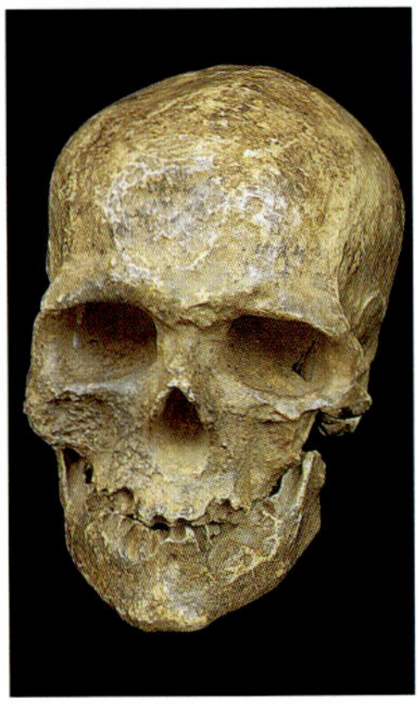

▲ *Baguette en bois de renne sculpté, provenant de l'abri du Souci. Magdalénien supérieur. Musée d'Art et d'Archéologie du Périgord, Périgueux, Dordogne.*

◀ *Crâne de Cro-Magnon.*

▶▶ *Bloc gravé aurignacien provenant de La Ferrassie, Musée national de Préhistoire des Eyzies.*

▶ *Parure magdalénienne provenant de Saint-Germain-la-Rivière. Musée national de Préhistoire des Eyzies.*

▶▶ *La pendeloque au bison, en os de boviné, trouvée dans l'abri de Raymonden. Magdalénien. Musée d'Art et d'Archéologie du Périgord.*

▼ *La Roque-Saint-Christophe, Dordogne. Henry Miller écrit : « si l'homme de Cro-Magnon s'installa dans ce coin, c'est qu'il était extrêmement intelligent. »*

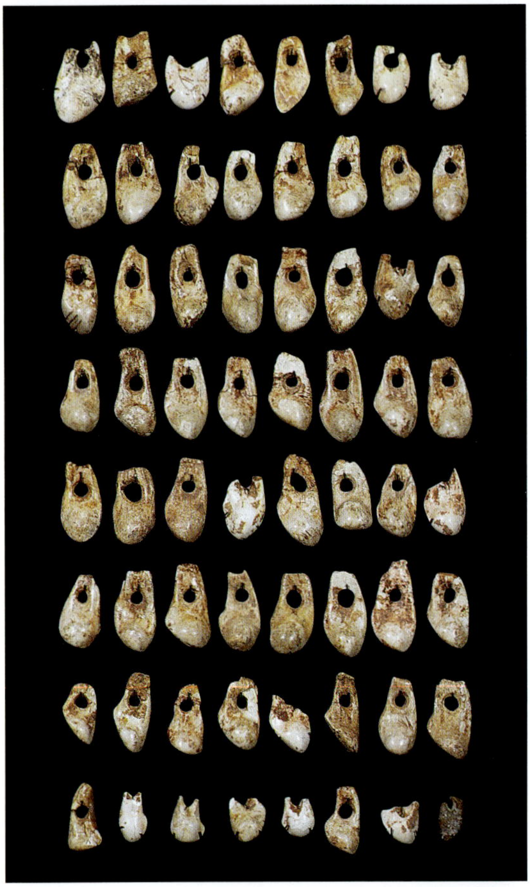

Datations

Pour dater les fossiles ou les terrains, le préhistorien possède plusieurs techniques dont la biostratigraphie, la dendochronologie, la susceptibilité magnétique, la thermoluminescence et le carbone 14. Le carbone 14 permet de dater avec précision des restes vieux de 50 000 ans. Cette technique a fait l'objet de développements récents qui laissent à penser que les datations antérieures réalisées grâce à elle, ont sous-évalué les durées. Ainsi, *Homo sapiens* serait arrivé plus tôt en Europe occidentale, vers 41 000 BP. Sa période de coexistence avec l'homme de Néandertal dans la même région, aurait été plus brève. Et le décor de la grotte de Chauvet serait plus ancien de 5 000 ans.

HOMO SAPIENS

C'est au Nord-Est du continent africain qu'il y a près de 200 000 ans, des *Homo erectus* subissent une mutation génétique suffisante pour les faire évoluer. Des fossiles de ces *Homo sapiens* archaïques, deux adultes et un enfant, datés de 160 000 ans, ont été découverts à Herto en Éthiopie. Comme certains *Homo erectus* l'avaient fait bien avant eux, des *Homo sapiens* quittent leur groupe souche pour s'établir dans d'autres régions d'Afrique, mais aussi au Proche-Orient, où ils ont vécu il y a 92 000 ans, en Chine, où leur présence est attestée il y a 67 000 ans. Ils apparaissent en Europe voici 40 000 ans. On appelle ceux-ci « hommes de Cro-Magnon », car c'est sur le site éponyme, près des Eyzies, en Dordogne, que cinq squelettes, datés de 33 000 ans et mis au jour en 1868, ont permis de définir le type de l'homme anatomiquement moderne, *Homo sapiens sapiens*. La taille de cet homme, notre semblable, est élevée, son front, droit, ses pommettes, saillantes, son menton apparent, son cerveau, d'un volume moyen de 1 500 cm^3. Excellent chasseur, intelligent et habile, il conçoit des outils toujours plus spécialisés. Pour mieux affronter les froids de la dernière glaciation, il s'abrite dans des cabanes construites en plein air ou dans des cavités naturelles bien exposées. Mais surtout, *Homo sapiens sapiens* est le moteur d'une véritable révolution culturelle.

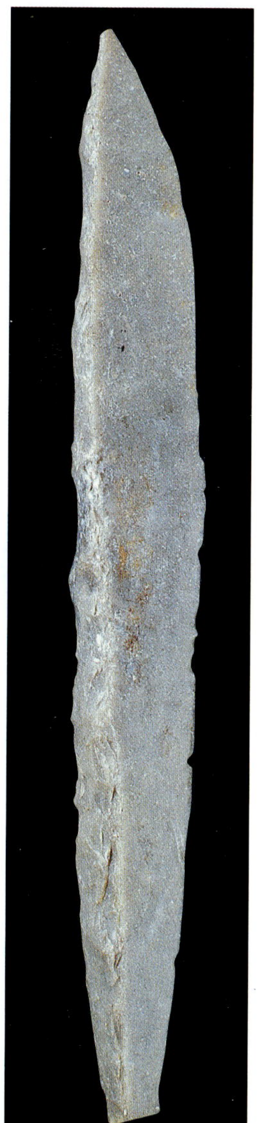

▲ *Bloc gravé d'un cheval magdalénien provenant du site éponyme en Dordogne. Musée national de Préhistoire des Eyzies.*

◀ *Bison, grotte d'Altamira, Cantabrie, Espagne. Le décor du plafond de la salle centrale de cette grotte a été exécuté au magdalénien, il y a 14 500 ans. L'artiste a fidèlement restitué traits anatomiques et attitudes des bisons, qu'il avait dû soigneusement observer.*

◀ *La roche de Solutré, Saône-et-Loire, France. Les chasseurs rabattaient les chevaux au pied de l'éperon où ils les encerclaient. Les bêtes sélectionnées étaient abattues. La viande était découpée sur place. Ainsi en 20 000 ans, plus de 30 000 chevaux ont-ils été tués de la sorte, leurs ossements s'entassant notamment au Crot du Charnier, daté du gravettien. Que les chevaux aient été rabattus sur la crête de la Roche et contraints à se précipiter dans le vide, relève de la légende.*

▶ *Pointe de La Gravette, mise au jour dans le site éponyme, Dordogne. Musée d'Art et d'Archéologie du Périgord.*

LE PALÉOLITHIQUE SUPÉRIEUR

Avec l'apparition des *Homo sapiens sapiens*, tout s'accélère ! C'est à partir de sites localisés en France, pays riche en vestiges du paléolithique supérieur, que les préhistoriens ont défini, principalement sur les critères de l'industrie qui les caractérise, les différentes cultures de cette période. Les premiers *Homo sapiens sapiens* européens appartiennent à la culture aurignacienne (38 000 – 28 000 ans BP), du nom de la grotte d'Aurignac, dans le département de Haute-Garonne. Le gravettien (28 000 – 22 000 ans BP) a été défini au gisement de La Gravette, en Dordogne. Le solutréen (22 000 – 18 000 ans BP) doit son nom au site de Solutré, en Saône-et-Loire, le magdalénien (18 000 – 12 000 ans BP), à celui de La Madeleine, en Dordogne, et enfin, l'azilien (12 000 – 10 000 ans BP), à la grotte du Mas-d'Azil, en Ariège. La culture aurignacienne s'étend sur un vaste territoire allant de l'Asie Centrale à l'Europe occidentale et comprenant le Proche-Orient. Les Aurignaciens développent le débitage de lames de silex, qu'ils aménagent au moyen de retouches obliques, souvent écailleuses. Ils fabriquent des grattoirs et des burins. Ils travaillent également l'os pour produire des pointes de lance. La culture gravettienne, qui se développe en Europe centrale et occidentale, maîtrise bien la technique du débitage de lames : l'outil typique est une lame fine et aiguë en silex, la pointe de La Gravette. La diffusion du solutréen s'est limitée à un espace géographique composé de la France – Bassin Parisien, Aquitaine, Est et Sud-Ouest du Massif central –, et de la péninsule Ibérique. Les hommes de cette culture portent à son apogée l'art de la taille du silex, avec des pointes de lance très fines en « feuille de laurier » ou « feuille de saule ». C'est aussi à cette époque qu'apparaissent les pointes à cran et les premières aiguilles à chas en os.

Le Magdalénien est connu de la péninsule Ibérique à l'Europe centrale. Les Magdaléniens miniaturisent et diversifient leur outillage de pierre. Ils créent de nombreux objets en os, harpons, propulseurs, qui améliorent leurs conditions de vie de chasseurs, mais aussi bâtons percés à l'utilisation discutée. Le réchauffement climatique, contemporain de l'azilien, entraîne, dans une zone comprise entre l'Espagne et la Suisse, des modifications de l'outillage. Les Aziliens fabriquent des artefacts lithiques de petite dimension issus d'une taille dite « en lamelle ». L'outillage osseux, comprenant des harpons plats en bois de cerf, subit la même miniaturisation. L'azilien est parfois associé, dans le Sud-Ouest de la France et dans le Nord et l'Est de l'Espagne, à l'épipaléolithique, période et industrie de transition entre paléolithique et mésolithique.

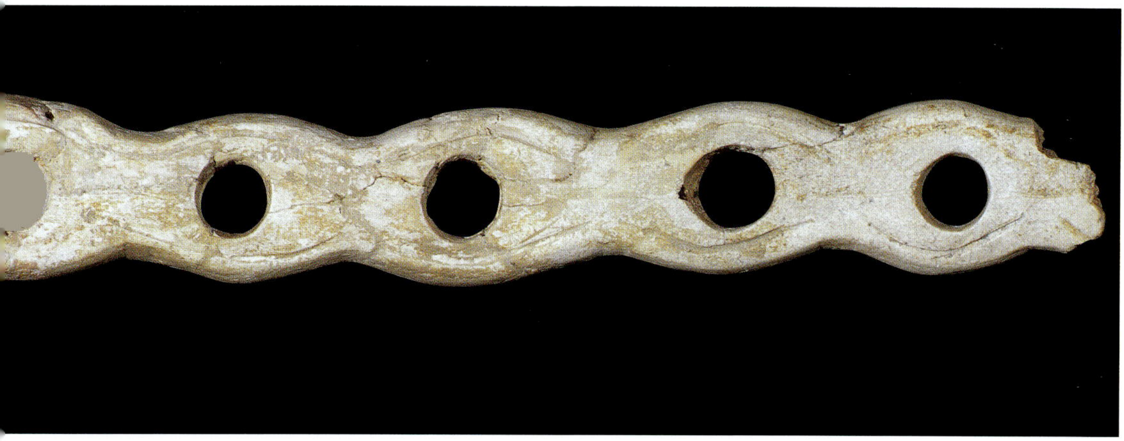

▲▲ Bâton percé en bois de cervidé provenant de l'abri du Souci. Magdalénien supérieur. Musée d'Art et d'Archéologie du Périgord. L'utilisation d'un tel objet est encore incertaine. Peut-être servait-il à redresser les sagaies.

◀ Propulseur orné d'un faon sculpté dans un bois de renne, provenant de la grotte de Bédeilhac, Ariège, France. Au solutréen supérieur, apparaît le propulseur. Lorsque le chasseur veut lancer une sagaie, il fixe le talon de la hampe contre l'encoche dont est muni, à l'une de ses extrémités, le propulseur. Il tient l'autre extrémité et la pointe de la sagaie d'une seule main. Il déclenche le tir en lâchant la pointe de la sagaie, l'engin faisant office de bras de levier.

▲ Galet peint azilien provenant du site éponyme en Ariège. Musée d'Art et d'Archéologie du Périgord. Les Aziliens, s'ils n'ont pas réalisé de décors pariétaux, ont peint et incisé nombre de galets. Ils ont aussi produit des pièces oblongues, par le débitage laminaire, dérivé du débitage Levallois. Pour extraire ces lames très fines du nucleus sans les briser, ils utilisaient un matériau de qualité comme le silex.

◀ Pointe à cran solutréenne trouvée au Fourneau du Diable, près de Brantôme. Musée national de Préhistoire des Eyzies.

▶ Harpon à deux rangs de barbelure. Magdalénien supérieur. Musée Labenche, Brive-la-Gaillarde, Corrèze, France.

Le shamanisme

Dans les sociétés nord-sibériennes et altaïques, le shamanisme est un phénomène d'essence religieuse : les hommes, pour entrer en communication avec les dieux ou avec les esprits, s'en remettent à un shaman, un initié, en relation avec les puissances surnaturelles. Le terme de shaman vient du toungouse, il exprime une idée de mouvement. Récemment a été évoquée par David Lewis-Williams et Jean Clottes, la thèse du contexte shamanique de l'éclosion de l'art préhistorique, les grottes ornées constituant peut-être des sanctuaires où le shaman établissait la relation avec l'ordre divin. Là, le shaman, seul, en état de transe ou d'extase, intercédait auprès des forces de l'au-delà, en faveur des membres de sa communauté.

▲ *Une hyène, grotte Chauvet-Pont-d'Arc, Ardèche. Ce décor qui comporte près de 400 figures, réalisé il y a 30 000 – 28 000 ans, a révélé que l'Aurignacien ne se contentait pas de graver des blocs.*

▶ *Tête féminine en ivoire de Brassempouy, Landes, France, dite « Dame à la capuche ». Gravettien. Musée des Antiquités Nationales de Saint-Germain-en-Laye, France.*

▼ *Lame d'os gravée de rennes, provenant de l'abri Morin. Magdalénien. Musée d'Aquitaine, Bordeaux, Gironde, France.*

▲ *Vénus à la corne, bas-relief de la grotte de Laussel, Dordogne. Gravettien. Musée d'Aquitaine, Bordeaux.*

▶ *Os gravé d'un « Sorcier », La Madeleine. Musée national de Préhistoire des Eyzies.*

▼ *Main négative mutilée. Gravettien. Grotte de Gargas, Hautes-Pyrénées, France.*

LES PREMIERS ARTISTES

Il est difficile de situer dans le temps les origines de l'« art préhistorique ». Il est possible que certaines formes d'art, tels le chant et la danse, aient été pratiquées sans laisser de traces pour les archéologues. Très tôt, l'ocre a été utilisé par les *Homo sapiens* et Néandertaliens pour teindre les vêtements ou se couvrir le corps, dans une démarche qui n'était pas uniquement utilitaire. Ce sont d'ailleurs deux blocs d'ocre rouge qui ont été mis au jour dans la grotte de Blombos en Afrique du Sud. Datés de -77 000 ans, ils sont gravés des mêmes figures géométriques laissant supposer la présence, chez leurs auteurs, d'une intention de symbolisation. Mais la grande période de l'art préhistorique est bien le paléolithique supérieur. Les *Homo sapiens sapiens* de culture aurignacienne inaugurent le dessin figuratif. Ils décorent leurs objets usuels et représentent de façon sommaire des formes humaines, surtout féminines, et quelques animaux, sur des blocs rocheux. Ils créent également des colliers et des parures en os, en ivoire, en coquillages ou en dents. Mais le décor de la grotte Chauvet, à Vallon-Pont-d'Arc en Ardèche, exécuté il y a 30 000–28 000 ans, prouve que leur talent artistique allait déjà bien au-delà. Au gravettien, les gravures, sculptures et peintures montrent des représentations d'animaux encore très schématisées. Les éléments de parure deviennent de plus en plus variés. Des statuettes féminines datant de cette période ont été découvertes un peu partout en Europe. Taillées dans l'ivoire, l'os ou la pierre, ces Vénus sont en général figurées nues, debout, les traits du visage, les pieds et les mains à peine esquissés, avec des formes très rebondies. Au solutréen, apparaissent des frises sculptées en demi-relief et certaines figures pariétales. Mais ce sont les Magdaléniens qui s'avèrent les grands artistes de la préhistoire : ils ont gravé, sculpté et, surtout, peint les parois d'un grand nombre de grottes de France et d'Espagne avec une maîtrise technique et un talent qui nous étonnent encore aujourd'hui ! Éclairant les grottes obscures à la lueur vacillante de leurs lampes, ces artistes, surtout Magdaléniens mais aussi d'autres cultures, ont choisi avec soin les supports sur lesquels ils allaient travailler, tirant parti des reliefs de la roche. Pour pouvoir atteindre les zones les plus hautes de la paroi, ils ont dû dresser de véritables échafaudages, de troncs ou de branches assemblés avec des cordes. Les graveurs avaient à leur disposition pointes de silex, lames et burins. Leurs incisions étaient souvent colorées. Les sculpteurs ont aussi utilisé des outils de silex : percuteurs, couteaux, burins, grattoirs. La palette des peintres comprenait le noir (charbon de bois ou oxyde de manganèse), le blanc (kaolin) et surtout les rouges, les jaunes et

▲ *Bisons d'argile du Tuc d'Audoubert, Ariège. Magdalénien supérieur.*

◀ *Pingouin. Grotte Cosquer, Bouches-du-Rhône, France. En 1991, Henri Cosquer, lors d'une plongée au pied du cap Morgiou, à l'ouest de Cassis, au cœur des Calanques, a découvert cette grotte, dont l'entrée se trouve à 37 m de profondeur, et son décor datant du gravettien et du solutréen.*

Homo floresiensis

Sur l'île de Florès, à l'est de Java, la grotte de Liang Bua a livré des fossiles d'homininés, dont un squelette presque complet vieux de 18 000 ans. L'individu, contemporain des premiers Magdaléniens, était une femelle. Elle avait une taille de 1 m, un poids de 25 kg, un volume cérébral de 380 cm^3. Le crâne, hormis sa taille, présente des similitudes avec celui d'Homo ergaster. Celui-ci, émigré d'Afrique, serait venu il y a 900 000 ans sur cette île, où il aurait évolué, comme d'autres mammifères dans un cadre insulaire, vers une forme naine.

▲ *Bison se léchant le flanc, La Madeleine. Musée national de Préhistoire des Eyzies.*

◀ *Chevaux ponctués. Gravettien. Grotte du Pech-Merle, Lot, France.*

▼ *Têtes de poney gravées. Magdalénien. Grotte de Font-de-Gaume, Les Eyzies.*

les bruns (ocre). Ces substances minérales étaient utilisées telles quelles ou broyées dans un mortier de pierre. La poudre obtenue était ensuite diluée avec de l'eau, de la moelle, de la graisse, ou avec le suc de certaines plantes. Pour appliquer ces couleurs sur la paroi, les artistes ne manquaient pas d'outils : leurs mains et leurs doigts ; des crayons de matière colorante, des blocs d'ocre par exemple ; des pinceaux de fibres végétales ou de poils d'animaux ; des brosses végétales ou des tampons en mousse ou en fourrure. Ils connaissaient la technique du pochoir, comme le prouvent les mains négatives retrouvées sur les parois de nombreuses grottes, telles celles, par centaines, des grottes des monts Marang, à l'est de Bornéo, datant d'au moins 10 000 ans. Ils avaient même inventé la peinture au pistolet : la matière colorante était soufflée sur la roche au moyen d'un os creux. Leurs sujets de prédilection : les animaux de leur environnement, notamment bovidés et chevaux dont l'association, selon André Leroi-Gourhan, pourrait symboliser le couple homme-femme. Mais ils ont aussi tracé des signes mystérieux et quelques figures humaines. Les œuvres des hommes de la préhistoire témoignent de leur conception de la vie. Les grottes qu'ils ont décorées ont peut-être été les sanctuaires d'une religion déjà complexe.

▲ *Représentation anthropomorphe. Début du magdalénien. Grotte de Cougnac, Lot.*

▶ *Mammouths et bouquetins. Magdalénien. Grotte de Rouffignac, Dordogne. Au cœur de l'immense réseau souterrain du site, le « Grand Plafond » présente une composition riche de nombreuses représentations animales dont 26 mammouths, 12 bisons, 12 chevaux, 12 bouquetins et 3 rhinocéros.*

◀ *Tête de lionne gravée. Magdalénien. Grotte des Combarelles, près des Eyzies.*

▶ *Un cerf et un cheval. Magdalénien. Grotte de Niaux, Ariège. Certaines représentations de Niaux ont été reproduites dans le Parc Pyrénéen d'art préhistorique, à Tarascon-sur-Ariège.*

▼ *Un cheval de la grotte d'Oxocelhaya, Pyrénées-Atlantiques, France. Magdalénien.*

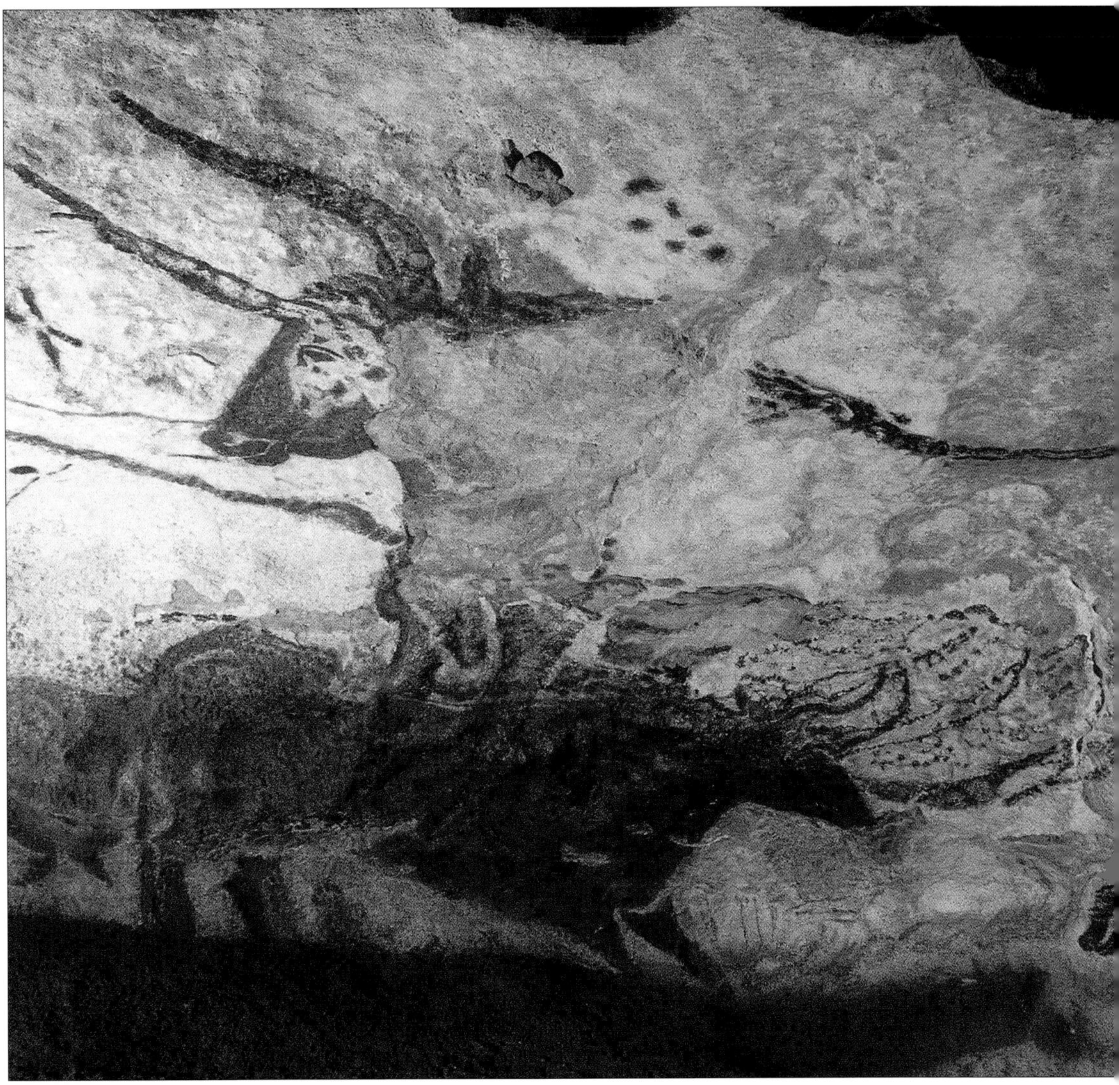

▲ *Grotte de Lascaux, Dordogne. Ce célèbre taureau justifie le cri du cœur de l'abbé Breuil : « La chapelle Sixtine de la préhistoire ! »*

◀ *Lascaux. Vache rouge et noire et petits chevaux bondissant. Les spécialistes s'interrogent sur le sens du signe dessiné à gauche de la vache.*

▶ *Lascaux. L'artiste qui a peint ce galop a donné l'impression de la profondeur en laissant du blanc entre l'encolure du cheval et sa patte arrière.*

LE CHEF-D'ŒUVRE DE LASCAUX

Le 12 septembre 1940, près de Montignac, en Dordogne, quatre jeunes garçons qui jouaient aux explorateurs découvrent un fabuleux trésor : les fresques et gravures magdaléniennes de Lascaux, vieilles de près de 17 000 ans ! Des centaines de mètres de parois et de voûtes sont recouvertes de frises d'animaux, vibrantes de vie et de couleurs. Taureaux, chevaux, cerfs, bisons... ont été saisis en plein mouvement, avec un sens de la composition et une cohérence dans la réalisation remarquables ! Les spécialistes, unanimes, considèrent ce site comme l'une des merveilles du monde préhistorique. Ouverte au public en 1948, la grotte a vu défiler un flot incessant de visiteurs. Mais ses admirateurs rejetaient de l'acide carbonique et de la vapeur d'eau, dégageaient des calories, et transportaient sur leurs vêtements spores et bactéries... Dans ce milieu clos, des maladies se sont développées, altérant gravement les peintures. Après de vaines tentatives pour y remédier, il a fallu fermer Lascaux, en 1963. Pour que le public ne soit pas privé de ce chef-d'œuvre, une partie de la grotte a été reproduite à quelques centaines de mètres de là, dans une ancienne carrière abandonnée. La réalisation de Lascaux II a permis de réinventer certaines techniques utilisées par les artistes magdaléniens. Fidélité de la reproduction garantie !

▲ *Peinture murale de Çatal Hüyük, Turquie. Vers 6 000 ans avant J.-C.*

◀◀ *Support gravé du dolmen des Pierres Plates. Musée de Préhistoire Miln-Le Rouzic, Carnac, Morbihan, France.*

◀ *Gravures du cairn de Gavrinis, Morbihan. La plupart (23 sur 29) des orthostates de granit du couloir de 14 m de long de ce dolmen sont ornés de gravures mystérieuses. Érigé au néolithique moyen, le monument était peut-être le lieu de sépulture d'oligarques.*

▶ *Vase ovoïde, Château-musée de Bélesta, Pyrénées-Orientales. La grotte de Bélesta abritait dans une petite salle les restes d'une vingtaine d'individus entourés de 28 vases. Cette sépulture collective du groupe dit de Montbolo date de 3 600 ans avant J.-C.*

Les palafittes

Un palafitte est un habitat lacustre parfois construit sur pilotis. Entre 4 500 et 3 000 ans avant J.-C., des hameaux de palafittes s'implantent au bord des lacs ou dans des zones de marécages et de tourbières, dans les massifs alpin et jurassien. Ainsi, 3 000 ans avant J.-C., sur les rives du lac de Chalain, près de Lons-le-Saunier, une vingtaine de maisons s'alignaient de part et d'autre d'une rue centrale consolidée par planches et rondins. La partie arrière de chaque maison faisait office de grenier pour le stockage des céréales et des légumineuses, issues d'une culture sur brûlis. Côté terre, le village était entouré d'une palissade. Lorsque le sol était épuisé par le mode de culture, d'autres champs étaient exploités. S'ils se trouvaient loin du hameau, ce dernier était brûlé et un nouveau implanté en un autre point de la rive, près des nouvelles cultures.

DU NÉOLITHIQUE À L'ÂGE DU BRONZE

Le mésolithique (8 000 – 6 000 ans avant J.-C.) est une période de transition, bien identifiée en France et en Espagne, entre le paléolithique et le néolithique, l'âge de la « pierre nouvelle ». Ce qui a été appelé la Révolution néolithique s'ébauche dès le XIe millénaire avant J.-C., dans le Croissant fertile, qui s'étend des rives orientales de la Méditerranée jusqu'au nord du golfe Persique. Un peuple, les Natoufiens, s'installe dans des villages permanents, aux endroits où abondent des graminées sauvages bonnes à consommer, comme le blé et l'orge dont ils cueillent les graines. Dans la même région, vers 9 000 ans avant J.-C., les villageois d'Aswad et de Mureybet deviennent peu à peu des agriculteurs et deux mille ans plus tard, des éleveurs. C'est à cette même époque que la fabrication d'objets en céramique se développe et se diversifie, devenant ainsi un marqueur essentiel des cultures néolithiques postérieures qui, à l'ouest de l'Europe, s'exprimeront, également, par les mégalithes. Avant que le tour de potier n'apparaisse au Proche-Orient vers 3 000 ans avant J.-C., la fabrication des poteries fait appel à deux techniques : le montage à la motte et celui au colombin. De chasseur cueilleur et nomade, l'homme devient agriculteur-éleveur et sédentaire. Villageois, il vit dans une société de plus en plus hiérarchisée. Il met au point la technique du polissage de la pierre, qu'il réserve à la fabrication de haches et d'herminettes pour défricher les espaces, de houes pour retourner la terre. Il file et tisse d'abord le lin puis la laine. Ces nouvelles techniques se répandent dans tout le Proche-Orient et dans le bassin méditerranéen. C'est au cours du VIe millénaire avant J.-C., qu'agriculture et élevage font leur apparition en Europe occidentale où les néolithiques moyen et final et le chalcolithique (5 000 – 2 000 ans avant J.-C.) constituent la grande période du mégalithisme. Les hommes abritent leurs morts dans les chambres des dolmens. Ceux-ci, composés de dalles érigées verticalement sur lesquelles reposent, à plat, une ou plusieurs dalles, sont souvent recouverts d'un tumulus de terre ou de pierre, alors nommé cairn. Les menhirs, simples pierres dressées, ont été installés seuls ou groupés en alignements. Les cromlechs sont des menhirs disposés en cercle, en demi-cercle, en rectangle. Quelle était la fonction de ces menhirs : pierres commémoratives, bornes indicatrices, symboles religieux, repères astronomiques ? Ils conservent encore leur mystère. La métallurgie du cuivre, apparue en Anatolie vers 5 000 ans avant J.-C., est introduite deux mille ans plus tard en Europe où celle du bronze apparaît 1 800 ans avant J.-C. L'écriture a déjà été inventée à Sumer en 3 500 ans avant J.-C. L'homme est sur le point de faire son entrée dans l'Histoire…

▲ *Alignements de Kermario, Carnac, Morbihan. Néolithique moyen. Ces alignements, les plus importants de Carnac, couvrent un espace de 1 128 m sur 100 m. Sur 7 rangs principaux, ils étaient formés de 1 029 menhirs, ou pierres levées. De nos jours, beaucoup de ces menhirs, dont un de 6,42 m, sont couchés.*

◀ *Poignard fait avec un os d'ours provenant de la Baume Bonne. Néolithique final. Musée de Préhistoire des Gorges du Verdon, Quinson, Alpes-de-Haute-Provence, France.*

▲▲ *Tumulus, musée des Tumulus de Bougon, Deux-Sèvres, France.*

▲ *Reconstitution à l'échelle 1 d'une maison néolithique du VI*[e] *millénaire avant J.-C.,* SAMARA, *Somme, France.*

◀ *Reproduction de la gravure dite « du Sorcier », musée des Merveilles, Tende, Alpes-Maritimes. Cette gravure de la vallée des Merveilles est l'une des quelque cinquante mille exécutées, au pied du mont Bego, par des populations du néolithique final-chalcolithique et du bronze ancien.*

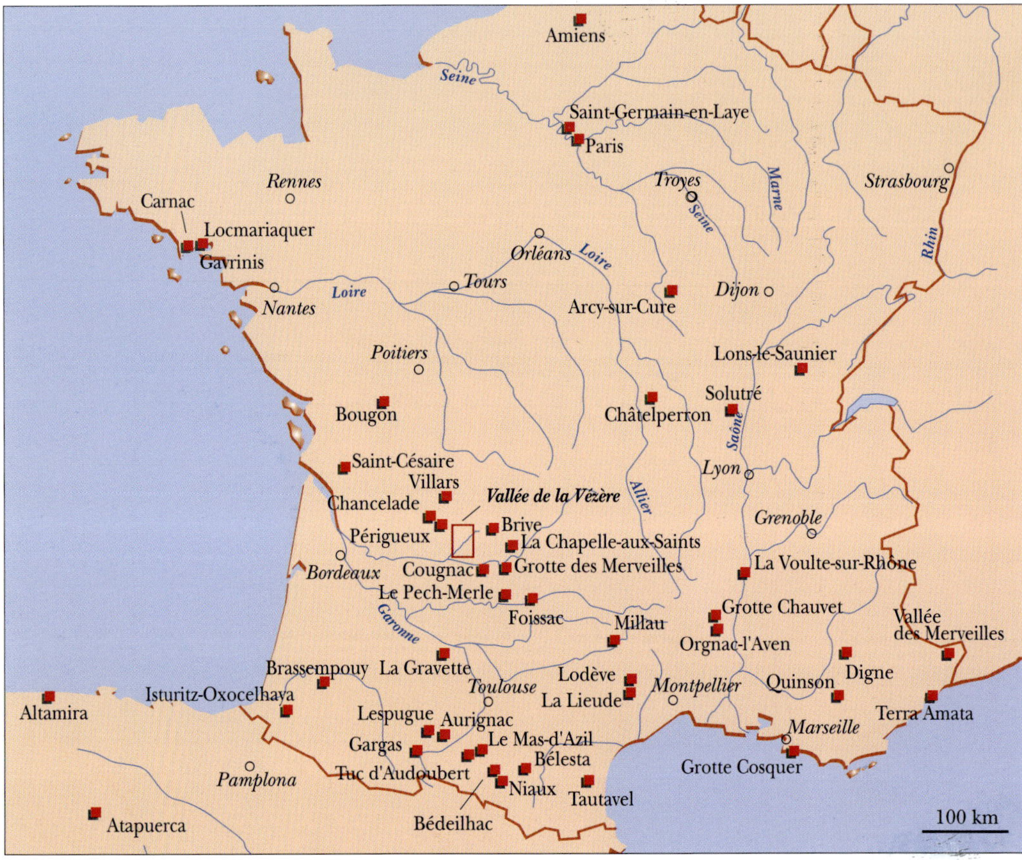

TABLE DES MATIÈRES